BEI GRIN MACHT SICH IHR WISSEN BEZAHLT

AF145794

- Wir veröffentlichen Ihre Hausarbeit,
  Bachelor- und Masterarbeit

- Ihr eigenes eBook und Buch -
  weltweit in allen wichtigen Shops

- Verdienen Sie an jedem Verkauf

Jetzt bei www.GRIN.com hochladen
und kostenlos publizieren

Bibliografische Information der Deutschen Nationalbibliothek:

Die Deutsche Bibliothek verzeichnet diese Publikation in der Deutschen National-bibliografie; detaillierte bibliografische Daten sind im Internet über http://dnb.d-nb.de/ abrufbar.

Dieses Werk sowie alle darin enthaltenen einzelnen Beiträge und Abbildungen sind urheberrechtlich geschützt. Jede Verwertung, die nicht ausdrücklich vom Urheberrechtsschutz zugelassen ist, bedarf der vorherigen Zustimmung des Verlages. Das gilt insbesondere für Vervielfältigungen, Bearbeitungen, Übersetzungen, Mikroverfilmungen, Auswertungen durch Datenbanken und für die Einspeicherung und Verarbeitung in elektronische Systeme. Alle Rechte, auch die des auszugsweisen Nachdrucks, der fotomechanischen Wiedergabe (einschließlich Mikrokopie) sowie der Auswertung durch Datenbanken oder ähnliche Einrichtungen, vorbehalten.

Impressum:

Copyright © 2018 GRIN Verlag
Druck und Bindung: Books on Demand GmbH, Norderstedt Germany
ISBN: 9783668729674

Dieses Buch bei GRIN:

https://www.grin.com/document/428340

Alexander Salzmann

Antike Rhetorik in moderner Werbung

GRIN Verlag

GRIN - Your knowledge has value

Der GRIN Verlag publiziert seit 1998 wissenschaftliche Arbeiten von Studenten, Hochschullehrern und anderen Akademikern als eBook und gedrucktes Buch. Die Verlagswebsite www.grin.com ist die ideale Plattform zur Veröffentlichung von Hausarbeiten, Abschlussarbeiten, wissenschaftlichen Aufsätzen, Dissertationen und Fachbüchern.

Besuchen Sie uns im Internet:

http://www.grin.com/

http://www.facebook.com/grincom

http://www.twitter.com/grin_com

Facharbeit zum Thema

„Antike Rhetorik in

moderner Werbung"

Inhaltsverzeichnis

1 Einleitung

Werbung ist ein Thema, das uns alle immer und überall betrifft, sei es auf dem Weg zur Schule ein Plakat, eine Werbeunterbrechung im Fernsehen oder eine Politikerrede, die bei öffentlichen Auftritten bspw. im Wahlkampf, oder im Landtag/Bundestag gehalten wird und dann via Rundfunk und Fernsehen übertragen wird. Gerade zur Zeit der vergangenen Bundestagswahl oder der Landtagswahl in Niedersachen wurden wir auch noch zusätzlich mit Wahlwerbung konfrontiert. Werbung ist allgegenwärtig.

Dinge, die einem täglich begegnen, sollen mit dem Ziel hinterfragt werden, sie zu verstehen. Dieses Hinterfragen sollte vor allem auch bei Dingen wie Werbung, die versucht, uns zu beeinflussen, praktiziert werden, um ihr nicht willenlos ausgesetzt zu sein. Nur so kann der Mensch mündig sein, sowohl selbstständig als auch selbstverantwortlich handeln und Verantwortung für das eigene Verhalten übernehmen.

Der Versuch, Menschen in eine Richtung zu beeinflussen, entstand nicht erst im 21. Jahrhundert, sondern hat seine Ursprünge schon in der griechischen und römischen Antike mehrere Jahrhunderte vor Christus. Die größte Veränderung ist die Richtung der Beeinflussung. In unserer heutigen Welt, die u.a. von Konsum, Demokratie und Individualität geprägt ist, sollen wir zum Kaufen, Wählen oder Protestieren animiert werden (vgl. Felser, 2015, S. 3).

In der Antike hingegen wurde vor allem im Bereich der politischen und der Gerichtsrede versucht, die Menschen von einem Standpunkt zu überzeugen.

Auch die Plattformen der Werbung haben sich geändert: Wenn damals Reden, zum Beispiel auf dem Forum Romanum[1], gehalten wurden, konnten die Menschen nur durch persönliche Anwesenheit oder Berichte von Anwesenden erfahren, was dort gesprochen wurde. Heute jedoch im Zeitalter von modernen Medien wie Internet, Fernsehen usw. sind die Möglichkeiten, gleichzeitig oder auch zeitversetzt Wort-für-Wort alles von der Rede mitzubekommen, nahezu unendlich.

Die Kunst, zu reden, eine Rede gut aufzubauen, sie für verschiedene Zwecke zu nutzen, Zuhörer mit der Rede zu beeinflussen, wird Rhetorik genannt. In seinem Werk "de oratore", was als bedeutendstes Lehrwerk antiker Rhetorik gilt, schrieb Cicero u.a., welche Kriterien und Fähigkeiten einen guten Redner ausmachen und auf welche Weise dieser

---

[1] Das Forum Romanum war das gesellschaftliche, kulturelle, wirtschaftliche und politische Zentrum Roms (vgl. Coarelli & Gabucci, 2000, S. 29).

viele Menschen beeinflussen kann (vgl. Cicero, 2011, S. 778 ff.). Es ist eine spannende Frage, ob und wie sich antike Merkmale von Reden und Rhetorik-Anweisungen in heutiger Werbung und heutigen Reden wiederfinden lassen. Darauf aufbauend kann man weiter danach fragen, wie sich die Beeinflussung von Menschen durch Rhetorik und Reden in der jeweiligen Zeit und Gesellschaft verändert hat. Ziel dieser Facharbeit soll es sein die Ursprünge und Methoden heutiger Werbung zu verstehen.

2 Antike Rhetorik

2.1 Definition Rhetorik

In der Geschichte gibt es zahlreiche Definitionen von Rhetorik und ihren Teilbereichen mit unterschiedlichen Schwerpunkten und positiven oder negativen Auffassungen. Diese stammen vor allem von Philosophen wie Platon, der sich als einer der ersten Gedanken über Rhetorik machte (vgl. Ueding & Steinbrink, 2011, S. 18 f.). In seinem Werk *Phaidros* gliedert er eine Rede in drei Teile (Einleitung, Hauptteil und Schluss), wobei er besonders das Ende der Rede thematisiert. Dabei führt er aus, dass Wahrheit und Durchsetzung beim Publikum einer Sprache, der Rhetorik, bedürfen (vgl. Platon, S. 47 f.).

Aber auch andere Philosophen wie Aristoteles, der Rhetorik als sprachliche Gestaltung der Überzeugung, bei der die Glaubhaftigkeit eine wichtige Rolle für die Wirksamkeit spielt, definiert (vgl. von Volkmann, 1874, S. 2), oder Kant beschäftigen sich mit dem Thema. Kant hat eine negative Auffassung der Rhetorik, weil sie in der Lage sei, Menschen zu beeinflussen (vgl. Bezzola, 1993, S. 2). Cicero beschäftigt sich vorrangig mit den Eigenschaften eines guten Redners (vgl. Cicero, 2011, S. 11). Der römische Rhetoriklehrer Quintilianus schreibt als Definition: „Rhetorice est ars bene dicendi." (Ottmers, 1996, S. 5), was übersetzt ‚Rhetorik ist die Kunst des guten Redens' bedeutet.

Auch heute beschäftigen sich noch viele Sprachwissenschaftler mit diesem Thema. Clemens Ottmers (1996, S. 6 ff.) definiert Rhetorik durch fünf Punkte:

1 Das Reden sei nur ein Teilbereich der Rhetorik, denn zu ihr gehöre auch die Verschriftlichung, welche in der Antike untergeordnet gewesen sei. Zusammen ergäben diese beiden Teilbereiche die heutige allgemeine Rhetorik, zu der jegliche Gattungen von Reden und Schriften zählten.

2 Das Ziel von Rhetorik sei es, auf zwei Ebenen zu wirken: auf der emotionalen und der rationalen Ebene. Die rationale Ebene ließe sich durch Argumente und Argumentationsstrategien, wie Sokrates sie in seinen Werken ausführlich beschreibt, ansprechen. Die emotionale Ebene hingegen solle an die Gefühle des Menschen appellieren.

3 Die Kunst der Rhetorik bestehe aus den Teilbereichen der Theorie und Praxis. Diese seien untrennbar und gingen auseinander hervor. So sei die Theorie der Rede aus der Praxis des Redens entstanden. Die Theorie habe eine Doppelrolle und sei sowohl eine Anleitung zur Erstellung von Reden als auch ein Verfahren zur Analyse dieser.

4 Rhetorik verstehe sich vor allem als Dialog. Im Vordergrund stehe der überzeugende Charakter. Die eigene Ansicht solle durchgesetzt werden.

5 Merkmale der Rhetorik seien, neben dem Inhalt, sprachliche Stilmittel, die die Reden ästhetisch schön und anspruchsvoll gestalten. Somit sei Rhetorik eine eigene Kunst.

Die schriftliche und mündliche Rhetorik versteht sich also als Kunstform, die gestaltet und analysiert werden kann. Sie wird von allen Wissenschaften zur Übermittlung von Ergebnissen und im Alltag genutzt, ist aber auch eine eigene Wissenschaft für sich (vgl. Universität Tübingen, 2018). Rhetorik spielt zum einen auf Sachverstand und zum anderen auf Emotionen an. Sie wird eingesetzt, um andere von der eigenen Meinung zu überzeugen und zu argumentieren. Der Grundgedanke der antiken Auffassung der Rhetorik als schöne Kunst des Redens ist in der Moderne weitestgehend erhalten geblieben und wurde weiter ausgearbeitet.

2.2 Redegattungen in der römischen Antike

Eine Rede in eine feste Kategorie einzuordnen ist fast immer unmöglich, da gerade diese Kunstgattung der Rhetorik viel Interpretationsspielraum lässt. Oft decken Reden Teilbereiche verschiedener Gattungen ab, was eine eindeutige Einordnung weiter erschwert. Nach Ottmers (1996, S. 48 ff.) unterscheidet man grundsätzlich zwischen drei Gattungen: Die erste Gattung ist die politische Rede. Sie grenzt sich durch ihr Thema, das meistens öffentliche Angelegenheiten abdeckt, ab. Sie wurde vor Gremien wie beispielsweise dem

Senat oder Volksversammlungen gehalten und stellte im Themenzusammenhang sinnvolle und nicht sinnvolle Schritte und mögliche Handlungen heraus. Sie enthielt somit eine Empfehlung, die der Redner für richtig erachtete. Politische Reden wurden häufig auf dem Forum Romanum gehalten, was damals die größte politische Plattform und somit das Machtzentrum Roms war.

Die zweite Gattung ist die Gerichtsrede. Die Adressaten dieser Rede waren die Geschworenen oder der Richter bei Gerichtsverhandlungen. Man unterscheidet zwischen Anklagerede ,Accusatio'[2] und Verteidigungsrede ,Defensio'[3], die entweder für den Angeklagten war oder gegen ihn. Auch Gerichtsreden wurden oft auf dem Forum Romanum gehalten, damit jeder zuhören konnte.

Die dritte Gattung ist die Fest- oder auch Gelegenheitsrede. Ihr Ziel war entweder Lob oder Kritik an Personen, Gruppen, Handlungen oder Bauwerken. Eine Lobesrede nannte man damals wie heute ,Laudatio'[4].

2.3 Merkmale antiker Redekunst

2.3.1 Aufbau einer antiken Rede

Je nach Gattung und Zweck der Rede ist auch der Aufbau leicht unterschiedlich. Eine antike Rede hat jedoch immer drei feste Bestandteile: Die Einleitung, den Hauptteil, der sich wiederum in zwei weitere Teile gliedert, und den Schluss. Dieser Aufbau zielt darauf ab, das Publikum mit einer möglichst schön formulierten Beweisführung zu überzeugen (vgl. Landesmedienzentrum Baden-Württemberg, 2018). Den größten Unterschied im Aufbau der Reden macht die Argumentation im Hauptteil, da es diverse Möglichkeiten gibt, eine Argumentation schlüssig aufzubauen. Das hier behandelte antike Schema des Hauptteils bezieht sich in erster Linie auf Gerichtsreden. Mit der Zeit entstanden immer mehr Variationen des Hauptbestandteils von Reden (vgl. Ottmers S. 50 f.).

Die Einleitung, auch ,Exordium' genannt, hat den Zweck, eine Beziehung mit dem Publikum oder Adressaten aufzubauen, in das Thema der Rede einzuführen und den Inhalt vorzubereiten. Dies geschah, indem z. B. relevante Fakten genannt wurden, die nicht jeder kannte. Oft wurde sie in politischen Reden auch dazu genutzt, das Publikum zu erzürnen, indem auf Missstände aufmerksam gemacht wurde (vgl. Ottmers S. 52 f.).

---

[2] ,Accusatio' (lat.) bedeutet Anklage(-schrift) oder Anschuldigung.
[3] ,Defensio' ist lateinisch für Verteidigung.
[4] ,Laudatio' ist lateinisch und bedeutet übersetzt Lobrede.

Der Hauptteil lässt sich in zwei weitere Teile unterteilen: ‚Narratio'[5] und ‚Argumentatio'[6]. Der ‚Narratio'-Teil diente in Gerichtsreden der Herstellung einer gemeinsamen Basis. Es handelte sich um eine „knappe, sehr nüchterne Zusammenfassung" (Ottmers, 1996, S. 56) des Tathergangs.

Im ‚Argumentatio'-Teil wurden diese Fakten wieder aufgegriffen und damit argumentiert. Es wurde versucht, mögliche Gegenargumente direkt zu entkräften.

Der Schluss (‚Peroratio'[7]) sollte zwei Aufgaben erfüllen. Erstens sollte das in ‚Narratio' und ‚Argumentatio' Gesagte zusammengefasst werden, damit es länger im Gedächtnis bleibt. Hierbei wurden nur die wesentlichen Fakten und Argumente wiederholt, um herauszustellen, was das wirklich wichtige war. Zweitens sollten Emotionen bei den Zuhörern geweckt werden, indem bspw. Folgen der Tat aufgezeigt wurden (vgl. Ottmers, 1996, S. 54 ff.).

2.3.2 Stilmittel in antiken Reden

Stilmittel dienten dazu, die Rede sprachlich anspruchsvoll zu gestalten und für Abwechslung zu sorgen, aber auch um wichtige Stellen besonders zu betonen. Um den Zuhörer aufhorchen zu lassen, wurden beispielsweise Inversionen[8] verwendet, weil sich so auf einmal etwas ungewohnt anhörte.

Cicero unterscheidet zwischen drei Stilebenen, die alle sprachlich anders gestaltet werden. Die Informationsebene nannte er ‚docere'[9]. Sie dient der Übermittlung von sachlichen Inhalten. Die Sätze sind kurz und nicht besonders gestaltet, also „schmucklos" (Ottmers, 1996, S. 201). Zum Einsatz kommt sie besonders im Redeteil ‚Narratio'.

Die zweite Ebene wurde ‚delectare'[10] genannt. Sie ist eine Zwischenebene zwischen der Informationsebene und der letzten Ebene. Stilmittel werden gemäßigt eingesetzt, damit der Teil der Rede nicht langweilig, aber auch nicht zu anspruchsvoll wird.

Um die emotionale Ebene bei den Zuhörern anzusprechen, wird die dritte Ebene ‚movere'[11] eingesetzt. Sie enthält viele Stilmittel und ist am wirksamsten, um die eigene Meinung durchzusetzen und den eigenen Standpunkt zu unterstreichen. Meist wird sie am

---

[5] ‚Narratio' ist lateinisch für Erzählung.
[6] ‚Argumentatio' (lat.) bedeutet Argumentation.
[7] ‚Peroratio' ist lateinisch für Schlussrede.
[8] Eine Inversion ist die Umstellung der normalen Wortfolge eines Satzes.
[9] ‚docere' ist lat. für lehren, unterrichten.
[10] ‚delectare' ist lat. für erfreuen.
[11] ‚movere' ist lat. für (innerlich) bewegen.

entscheidenden Ende einer Rede, also im ‚Peroratio'-Teil, eingesetzt (vgl. Ottmers, 1996, S. 201).

Eine besondere Rolle kommt dem Stilmittel der Sentenz[12] in antiken Reden zu Gute. Oftmals werden sie am Ende des ‚Argumentatio'- oder ‚Peroratio'-Teils benutzt, um die Rede oder Argumentation schmückend abzuschließen (vgl. Henschel, Steinbrink & Ueding, 1976, Seite 274).

3 Moderne Werbung

3.1 Definition von Werbung

In der Vergangenheit wuchs die Werbebranche und ihr Einfluss stieg immer weiter an, weshalb auch mehr Modelle, die Werbung definieren, erklären und verständlich machen sollen, entstanden. Seit Anfang des 20. Jahrhunderts wird Werbung mit einem senderorientierten Modell erklärt. Das einfache und leicht zu verstehende Modell der Werbung hat drei Inhalte, die jeweils mit dem nächsten verbunden sind:

1. Stimulus; die Werbung an sich.

2. Organismus; der Empfänger der Werbebotschaft wird als Black Box[13] gesehen.

3. Response; die Reaktion des Rezipienten (Organismus) auf den Stimulus.

Dieses sogenannte SOR-Modell soll den Zusammenhang zwischen den einzelnen, an der Werbung beteiligten Faktoren zeigen (vgl. Heun, 2017, S. 119 f.).

Das Ziel der Werbung ist es, dem Empfänger „Angebote von Unternehmen oder Organisationen, wie Marken, Produkte oder Dienstleistungen, mittels kommunikativer Maßnahmen näherzubringen" (Heun, 2017, S. 2). Werbung soll Konsumenten dabei in eine teilweise neue Materie einführen, wenn beispielsweise ein neues Produkt vorgestellt wurde, und das Interesse der Empfänger wecken. Dabei ist die beeinflussende Wirkung der Werbung eher gering, da nach der Verstärker-Theorie Werbung lediglich die bereits vorhandene Meinung des Individuums verstärkt. Ist jemand bereits von einer Sache begeistert und sieht Werbung dazu, so bestärkt es ihn in seiner eigenen Meinung (vgl. Heun, 2017, S. 121 ff.).

---

[12] „Die Sentenz ist ein kurz, faßlich, präzise und epatierend formulierter Sinnspruch" (Henschel, Steinbrink & Ueding, 1976, S. 274).
[13] Die Black Box wird bei dem Behaviorismus, der verhaltensorientierten Psychologie, nicht weiter betrachtet, weil die inneren Vorgänge nicht von Interesse sind (vgl. Baumgart, 2007, S. 109 f.).

Werbung ist jedoch nicht immer gleich Werbung. Um als Werbung zu gelten, müssen nach Sowinski (1998, S. 30 ff.) folgende drei Kriterien erfüllt sein:

1. Auffälligkeit: Um überhaupt von dem Empfänger wahrgenommen zu werden, bedarf es einer gewissen Auffälligkeit. Diese kann durch verschiedene Methoden erreicht werden. Dabei spielen bei Printwerbung sowohl die Farbauswahl als auch die Schriftart und Platzierung eine Rolle. Reden können durch eine besondere sprachliche Gestaltung auffallen. Die Erinnerung an die Werbung wird ebenfalls stark durch die Auffälligkeit beeinflusst.

2. Originalität: Wenn Werbung nichts Besonderes ist, sticht sie nicht aus der Masse hervor und geht unter den vielen anderen Werbungen unter. Durch eine originäre Werbestrategie kann auch die Auffälligkeit erhöht werden.

3. Informativität: Die Informativität spielt besonders bei der Einführung neuer Produkte eine große Rolle. Gegenstände der Bekanntmachung sind dabei in erster Linie die Funktion und der Name des Produkts. Es ist auf eine sinnvolle Übermittlung und Kürzung zu achten, da manche Dinge nicht für den Empfänger relevant sind, wie zum Beispiel die Zusammensetzung eines neuen Waschmittels.

Somit ist Werbung etwas, das durch Auffälligkeit, Originalität und Informativität auf den Empfänger wirkt und dabei versucht, diesen für das beworbene Produkt zu gewinnen und dabei seine vorhandene Meinung verstärkt.

3.2 Werbegattungen

Werbung begegnet uns bewusst im Alltag zum Beispiel als Plakat, aber auch unbewusst, beispielsweise durch Produktplatzierungen im Fernsehen. Diese müssen zwar gekennzeichnet sein, sind aber trotzdem nicht so leicht und klar einzuordnen wie ein Werbespot in der Werbeunterbrechung. Wir nehmen ständig Informationen auf, etwa 40 Bits bewusst und etwa elf Millionen Bits pro Sekunde unbewusst. Die bewusste Aufnahme entspricht also etwa 0,0003636% der Informationen. Die erste Unterscheidung findet demnach in der Art des Bewusstseins des Rezipienten der Werbung statt. Werbung kann somit entweder bewusst oder unbewusst sein. Die Werbeindustrie nutzt dies und setzt Kaufanreize so oftmals unbewusst in das Gehirn des Verbrauchers (vgl. Albrecht, 2017).

Die nächste Unterscheidung findet nach Sowinski (1998, S. 7 ff.) im Anwendungsbereich statt. Werbung im privaten Bereich dient der Aufmerksamkeitserregung, Entscheidungsbeeinflussung und Gunstgewinnung bei privaten Personen vor allem in der Partnersuche. Hierzu lässt sich auch das Anpreisen von Menschen durch Partnervermittlungen zählen. Werbung für gesellschaftliche Gruppen und Ziele betrifft meist die Öffentlichkeit. Alle Vereinigungen benötigen zum Bestehen Mitglieder, die geworben werden müssen. Dieses Anwerben bezeichnet man auch als Mitgliederwerbung. Gemeinnützige Spendenorganisationen sind besonders an Beiträgen und Spenden interessiert. Deswegen nennt man diese Werbung auch Beitrags- und Spendenwerbung. Geht es um die Unterstützung von Projekten, die meist sozialer Natur sind, so redet man von sogenannter Unterstützungswerbung (vgl. Sowinski, 1998, S. 7 ff.).

Politische Werbung wird meist von Parteien betrieben. Hier spielt die Entscheidungswerbung eine besondere Rolle. Adressat sind meist Abstimmungsberechtigte, die von den politischen Zielen überzeugt werden sollen, und dabei meist mit rhetorisch wertvollen Reden angesprochen werden. Der Zeitpunkt dieser Reden, die häufig im Parlament gehalten werden, liegt meist kurz vor wichtigen Abstimmungen. Markante Teile dieser Reden werden oftmals durch Medien wie Radio, Fernsehen oder Zeitungen publiziert und teilweise kommentiert. Die Ansehenswerbung dient der Imagepflege der Partei. Hierbei werden die erreichten Leistungen angepriesen und das Versagen anderer Parteien herausgestellt. Im Wahlkampf gilt es die Gunst der Wähler zu gewinnen. Dies geschieht mit Wahlwerbung, die aus Wahlplakaten und Wahlreden besteht. Bei großen Versammlungen und Kundgebungen werden diese Wahlreden gehalten und bestehen vorrangig aus Inhalten des Wahlprogramms. Wahlplakate bestehen meist aus kurzen und markanten Sätzen, die Wahlkampfziele darlegen sollen, oder Namen von Kandidaten mit ihrem Bild. Durch die Kürze der Sätze sind diese leicht verständlich und bleiben leichter im Gedächtnis. Die Häufung von Wahlplakaten im Wahlkampf dient der Wiedererkennung der Partei und Präzisierung der Ziele, da man Plakate schnell erfassen kann (vgl. Sowinski, 1998, S. 7 ff.).

Werbung, die geschäftlichen Zielen, also der Vermarktung von Produkten dient, lässt sich nach Art der Produkte weiter differenzieren. Man unterscheidet zwischen Werbung für Dienstleistungen und Warenwerbung. Dabei hat die Werbung für Dienstleistungen in den letzten Jahren aufgrund des Strukturwandels zur Dienstleistungsgesellschaft zugenommen. Gekennzeichnet ist die Werbung für Dienstleistung meist durch eine idealisierte

Darstellung von Umweltfaktoren. Warenwerbung macht den größten Teil der heutigen Werbung aus und hat ihren Ursprung bereits im 19. Jahrhundert. Hierbei unterscheidet man wiederum zwischen dem direkten und indirekten Werben. Bei dem direkten Werben wird ein Produkt unmittelbar und persönlich beworben, wie beispielsweise Gemüse auf einem Wochenmarkt. Bei dem indirekten Werben wird das Produkt anonym und meist durch Printmedien wie Prospekte angepriesen. Das Ziel ist in beiden Fällen die Bekanntmachung der Ware bei dem Käufer und die Motivation zum Kauf (vgl. Sowinski, 1998, S. 7 ff.).

3.3 Merkmale moderner Werbung

3.3.1 Aufbau von Werbung

Eine Werbekampagne besteht aus „mehreren, unterschiedlichen Werbemitteln, die alle einer übergeordneten strategischen Kommunikationsaufgabe […] dienen" (Heun, 2017, S. 59). Dabei ist die Art der eingesetzten Werbegattung ganz von dem erwünschten Ziel, dem zu bewerbenden Produkt und dem Budget abhängig. Nicht jedes Werbemittel passt zu jedem Produkt (vgl. Heun, 2017, S. 106 ff.).

Werbung lässt sich produktbezogen, empfängerbezogen und senderbezogen aufbauen. Dabei hat jeder Aufbau Vorteile und Nachteile und kommt bei einigen Personengruppen besser an als bei anderen. Ziel ist es, eine möglichst breite Masse zu erreichen und für das Produkt zu begeistern. Die verschiedenen Aufbauten gehen auch mit verschiedenen Kommunikationstragegien und Stilmitteln einher (vgl. Sowinski, 1998, S. 32).

Der am weitesten verbreitete und auch einfachste Aufbau einer produktbezogenen Werbung ist die objektive Darstellung. Bei dieser wird das zu bewerbende Produkt gezeigt, benannt und wesentliche Funktionen erklärt (vgl. Sowinski, 1998, S. 33 f.).

Ein Beispiel für die senderbezogene Werbung ist das Eigenlob des Kommunikators, also des Werbenden. Bei dem Eigenlob wird das Produkt in all seinen positiven Facetten hervorgehoben und es wird versucht, ein gutes Ansehen und Image aufzubauen. Zitatwerbung versucht einen Bezug zu bekannten Personen des öffentlichen Lebens durch allgemein bekannte Aussagen herzustellen. Auch Werbung mit ‚Experten‘, die meist nur Schauspieler sind, zählt dazu. Diese ‚Experten‘ werden auch als Sekundärsender bezeichnet (vgl. Sowinski, 1998, S. 38 f.).

Die empfängerbezogene Werbung verfolgt einen gegenteiligen Ansatz. Hier wird ein Konsument für die Verwendung des Produkts in der Werbung gelobt. Ziel ist es, das Bedürfnis nach Lob bei den potentiellen Konsumenten anzusprechen und sie so zum Kaufen zu animieren, da die Verwendung des Produkts jetzt unmittelbar mit einem Lob verbunden zu sein scheint (vgl. Sowinski, 1998, S. 39 f.).

3.3.2 Stilmittel in moderner Werbung

Da Werbung oft als nervig und aufdringlich empfunden wird, ist es wichtig, sie möglichst gut zu verpacken, ohne dabei das Ziel aus den Augen zu verlieren. Das Ziel der Verwendung von Stilmitteln ist es, die Werbung und somit das Produkt im Gedächtnis des Adressaten zu halten und ihn am besten zum Nachdenken über das Produkt anzuregen (vgl. Sowinski, 1998, S. 41).

Eines der häufigsten Stilmittel ist die Verwendung des Imperativs. Diese verbale Aufforderung findet sich besonders oft in Werbung, die empfängerbezogen aufgebaut ist. Dabei wird nicht der Kauf direkt befohlen, sondern der Fokus auf die Möglichkeiten, die mit dem Produkt möglich sind oder die es schafft, gelegt. Ebenfalls üblich bei empfängerbezogener Werbung ist die Verwendung von Fragen, die erst auf ein Problem oder eine Sehnsucht aufmerksam machen sollen und dann direkt mit einer passenden Lösung beantwortet werden (vgl. Sowinski, 1998, S. 39 f.).

Auch Humor ist oft das Mittel der Wahl, da mit Humor verschiedene Ziele erreicht werden können. Als erstes erhöht dieser die Aufmerksamkeit des Empfängers. Zweitens steigert er die Bereitschaft sich mit dem Produkt zu beschäftigen und sich darauf einzulassen. Als dritte Eigenschaft lässt sich anführen, dass es das werbende Unternehmen sympathischer und empathischer erscheinen lässt. Dabei ist die Art und Darstellung des verwendeten Humors zweitrangig und muss wieder entsprechend an das Produkt angepasst werden. Besonders häufiger Verwendung erfreuen sich Wortspiele, da sie meist leicht dem Produkt angepasst werden können und leicht verständlich sind. Aber auch humoristische Hyperbeln[14] sind geläufig. Mit ihnen ist auch eine Provokation möglich, die den Rezipienten anregt, sich mit der Aussage zu beschäftigen. Ein weiterer Effekt ist, dass eine stilistisch besondere oder provokante Werbung aufgrund dieser Besonderheit eher im Gedächtnis bleibt als Werbung ohne Besonderheit. Humor birgt jedoch immer das Risiko,

---

[14] Eine Hyperbel ist eine sprachliche Übertreibung (vgl. Duden, 2018).

dass der Rezipient zwar den Witz in Erinnerung behält, aber das Produkt, um das es eigentlich geht, ausblendet oder vergisst (vgl. Heun, 2017, S. 84 ff.).

4 Vergleich

Aus den vorrausgegangenen Ausführungen lassen sich nun einige Vergleiche im Hinblick auf verschiedene Gesichtspunkte ziehen.

Zuallererst lassen sich die Ziele antiker Rhetorik und moderner Werbung, die in den entsprechenden Definitionen ausgeführt sind, in Bezug setzten. Die antike Rhetorik versteht sich als Kunst des schönen Redens, die das Ziel hat, den Zuhörer mit sachlichen Argumenten in strukturierter und schöner Form zu überzeugen. Das Thema ist meist politisch oder juristisch. Die Ansprache zielt sowohl auf die rationale Ebene ab, die mit Argumenten erreicht werden soll, als auch auf die emotionale Ebene, die mit Gefühlsapellen erreicht werden soll. Werbung soll vor allem über Produkte informieren und zum Nachdenken anregen. Dabei steht die Überbringung des Inhalts allein im Vordergrund und kann sowohl durch informative als auch durch stilistische Sprache und Mittel erreicht werden. Insgesamt sollen antike Rhetorik und Werbung beide informieren, überzeugen und den Empfänger in eine gewünschte Richtung beeinflussen, auch wenn die Mittel und Wege unterschiedlich sind. Rhetorische Reden sollen jedoch in erster Linie überzeugen und Werbung in erster Linie informieren. Die Überzeugung steht bei Werbung erst an zweiter Stelle. Die wesentlichen Elemente sind bei beiden vorhanden, stehen aber in unterschiedlicher Anordnung, was die Wichtigkeit für das Ziel betrifft.

Im Aufbau unterscheiden sich Werbung und Rhetorik maßgeblich. Antike Rhetorik ist klar in Einleitung, Hauptteil und Schluss, der sehr stilmittellastig ist, gegliedert. Jeder Teil hat eine klare Funktion und ihm zugeordnete Eigenschaften. Werbung ist nach dem Ziel aufgebaut und es gibt diverse Variationsmöglichkeiten. Es ist für Werbung entscheidend, was beworben werden soll und wen es anzusprechen gilt. Bei antiken Reden ist der Aufbau trotz unterschiedlicher Einsatzbereiche weitestgehend gleich. Wahlreden, die auch zur Werbung zählen, bilden teilweise eine Ausnahme, wenn sie dem Schema antiker Reden entsprechen.

Auch das Bewusstsein unterscheidet die beiden Gatten der Überzeugung sehr eindeutig. Während Reden früher absolut bewusst gehört und sich bewusst mit der Materie beschäftigt wurde, wird Werbung häufig so eingesetzt, dass es dem Empfänger nicht bewusst ist.

Wahlwerbung und vor allem Wahlreden sind hier abzugrenzen, da diese meist wie antike Reden bewusst gehört werden und Interesse an dem Thema voraussetzen.

Ein weiterer markanter Unterschied ist der jeweilige Sender der versuchten Überzeugung und Information. Während hinter antiken Reden fast immer auf ihr Gebiet spezialisierte Experten standen, stehen hinter Werbung Unternehmen, Marken oder Vereinigungen, die Werbung in Auftrag geben. Firmen, die Werbung produzieren, haben meist kein Fachwissen zu dem zu vermarktenden Produkt. Werbung lässt sich durch den häufig sehr eindeutigen Inhalt schneller einordnen als antike Reden, bei denen die Intention nicht direkt so offensichtlich ist (vgl. Borchers, 2014, S. 87 ff.).

Eine damalige Rede sollte so effektiv sein, dass sie beim ersten Hören direkt überzeugt. Eine Wiederholung oder Publikation war auch aufgrund der fehlenden Vervielfältigungsmöglichkeiten fast nicht möglich. Werbung hingegen ist häufig darauf ausgelegt, mehrfach gesehen oder gehört zu werden, um die gewünschte Wirkung zu erzielen (vgl. Heun, 2017, S. 51 ff.).

Auch durch den technischen Wandel haben sich die Plattformen der Übertragung verändert. Damalige Reden wurden persönlich auf Versammlungsplätzen oder vor Gericht gehalten. Werbung hat heute nahezu unendliche Möglichkeiten, den Empfänger zu erreichen. Sei es als Video, Prospekt oder Plakat. Werbung erreicht durch diese Möglichkeiten heute ein sehr breites Publikum (vgl. Sowinski, 1998, S. 32 f.). Die neuen Möglichkeiten der Übermittlung haben auch zur Folge, dass Werbung meist unpersönlich und an die breite Masse gerichtet ist, während antike Reden fast immer eindeutig an jemanden/etwas adressiert waren (vgl. Heun, 2017, S. 15 f.).

Eine antike Rede hat, allein schon wegen der drei Teile, aus denen sie besteht, einen recht großen Umfang. Der Umfang von Werbung ist von der entsprechenden Gattung abhängig. Die Wahlrede ist hier nahe bei der antiken Rede anzusiedeln. Ein kurzer Slogan bildet eher den Gegenpart einer antiken Rede (vgl. Borchers, 2014, S. 40 f.).

Gemeinsamkeiten mit antiker Rhetorik lassen sich besonders in speziellen Formen der Werbung finden. So erfüllen beispielsweise Wahlreden die Definition der Werbung alssowie auch der antiken Rhetorik, da diese oftmals verschriftlicht, argumentativ und gefühlsappellierend mit dem Ziel der Überzeugung und sprachlich besonders gestaltet sind. Sie werden bewusst gehört und haben eindeutige Adressaten (die potentiellen Wähler). Wahlwerbung, insbesondere Wahlreden, sind also nur eine Abwandlung von antiker Rhetorik, die auch die heutige Definition von Werbung erfüllen.

Einen Kontrast bildet beispielsweise Warenwerbung. Diese wird meist unpersönlich als Prospekt überbracht und nicht mündlich ausgeführt. Somit ist der erste Definitionspunkt von Rhetorik nicht erfüllt. Da nur über sachliche Argumente, in dem Fall den Preis, überzeugt werden soll, fehlt die Ansprache der emotionalen Ebene. Da durch informierende Inhalte überzeugt werden soll, ist dieser Punkt der Rhetorikdefinition erfüllt. In Prospekten fehlt aber meist die sprachlich schöne Komponente, weshalb der letzte Punkt der Rhetorikdefinition nicht erfüllt ist (vgl. Sowinski, 1998, S. 7 ff.).

Jede Art von Werbung erfüllt gewisse Punkte der Rhetorikdefinition. Je nach Art der Werbung und ihrem Einsatzgebiet, ist die Anzahl der erfüllten Punkte und Eigenschaften unterschiedlich.

5 Fazit

Die vorangegangenen Ausführungen beschreiben zuerst die allgemeinen Merkmale der antiken Rhetorik und der modernen Werbung. Es entstand ein erster Überblick, was Rhetorik ist und wie sie in der Antike aufgebaut und eingesetzt wurde. Danach wurde ein Überblick über moderne Werbung und ihre heutige Anwendung gegeben.

Das Ergebnis dieses Vergleichs ist, dass sich in einigen Werbegattungen viele oder alle Merkmale der antiken Rhetorik finden, wie bei der Wahlrede. Einige Werbegattungen erfüllen die Rhetorikdefinition teilweise und es gibt auch Werbungen mit wenig Bezug zu antiker Rhetorik, wie bspw. Prospekte. Die Ziele sind jedoch weitestgehend ähnlich und unterscheiden sich nur in Wichtigkeit und Reihenfolge der Zielsetzung. Die Beeinflussung der Menschen hat sich mit der Weiterentwicklung von Rhetorik und der Entwickelung moderner Werbung stark dahin verändert, dass dieses Beeinflussen viel präsenter geworden ist. Der Ursprung vieler Merkmale der Werbung lässt sich somit in Zusammenhang mit antiker Rhetorik setzten. Schon damals gab es den Wunsch Menschen zu beeinflussen, welchen Werbung aufgegriffen hat und sowohl weiter ausgeführt als auch optimiert hat.

Die Quellen zum Thema moderne Werbung sind sehr vielfältig im Gegensatz zu den Quellen zum Thema der antiken Rhetorik. Durch die Vergrößerung des Werbesektors und die Entwickelung zu einer eigenen Wissenschaft wurde vor allem im letzten Jahrhundert, als der Werbeboom aufkam, viel Literatur publiziert. Die Literatur zu antiker Rhetorik ist viel auf der gleichen Primärliteratur von antiken Rednern und prägenden Persönlichkeiten wie Cicero und Philosophen wie Platon aufgebaut.

Abschließend lässt sich feststellen, dass in der Antike der Grundstein für die heutige Rhetorik und somit auch für die Werbung, die je nach Gattung wesentliche und teils unterschiedliche Elemente enthält, gelegt wurde.

Eine mögliche weitere Ausarbeitung zu dem Thema könnte konkrete Werbebeispiele analysieren und mit konkreten antiken Reden vergleichen. Auch ein Vergleich zwischen antiken Reden und Wahlreden wäre möglich.

6 Literaturverzeichnis

6.1 Buchquellen

- Baumgart, F. (2007). *Entwicklungs- und Lerntheorien: Erläuterungen - Texte - Arbeitsaufgaben* (Nachdr. der 2. durchges. Aufl.). Bad Heilbrunn: Klinkhardt.
- Bezzola, T. (1993). *Die Rhetorik bei Kant, Fichte und Hegel: Ein Beitrag zur Philosophiegeschichte der Rhetorik.* Tübingen: Niemeyer.
- Borchers, N. S. (2014). *Werbekommunikation: Entwurf einer kommunikationswissenschaftlichen Theorie der Werbung.* Wiesbaden: Springer VS.
- Cicero, M. T. (2011). De Oratore. In T. Nüßlein (Hrsg.), *Über den Redner: De Oratore; Lateinisch – Deutsch* (S. 7-425). Berlin: Akademie.
- Coarelli, F. & Gabucci, A. (2000). *Rom: Ein archäologischer Führer.* Mainz am Rhein: von Zabern.
- Felser, G. (2015). *Werbe- und Konsumentenpsychologie* (4. erw. und vollst. überarb. Aufl. 2015.). Berlin: Springer.
- Hentschel, G., Steinbrink, B. & Ueding, G. (1976). Einführung in Technik und Methoden der Rhetorik. In G. Ueding (Hrsg.), *Einführung in die Rhetorik* (S. 196-286). Stuttgart: J.B. Metzler.
- Heun, T. (2017). *Werbung.* Wiesbaden: Springer Fachmedien Wiesbaden.
- Ottmers, C. (1996). *Rhetorik.* Stuttgart: J. B. Metzler.
- Platon (unbekannt). Phaidros. In H. Färber & M. Faltner (Hrsg.), (2016), *Kritische Gesamtausgabe: Abt. 4: Übersetzungen; Bd. 3: Platons Werke; Teil 1, Bd. 1: Einleitung, Phaidros, Lysis, Protagoras, Laches* (S. 6-153). München: Tusculum-Bücherei.
- Sowinski, B. (1998). *Werbung.* Berlin: De Gruyter.
- Ueding, G. & Steinbrink, B. (2011). *Grundriß der Rhetorik: Geschichte - Technik – Methode* (5. aktualisierte Auflage). Stuttgart Weimar: Verlag J.B. Metzler.
- von Volkmann, R. (1872). *Die Rhetorik der Griechen und Römer in systematischer Übersicht dargestellt.* Berlin: Ebeling & Plahn.

6.2 Internetquellen

- Albrecht, R. (2017). *Die große Verführungskraft von Marken.* Verfügbar unter https://www.welt.de/wirtschaft/bilanz/article163586364/Die-grosse-Verfuehrungskraft-von-Marken.html [letzter Zugriff: 24.02.2018].
- Duden (2018). *Hyperbel.* Verfügbar unter https://www.duden.de/rechtschreibung/Hyperbel [letzter Zugriff: 10.02.2018].
- Landesmedienzentrum Baden-Württemberg (2018). *Kunst der Rede.* Verfügbar unter https://www.lmz-bw.de/kunst-der-rede.html [letzter Zugriff: 02.02.2018].
- Universität Tübingen (2018). *Was ist Rhetorik? Kurzdefinition.* Verfügbar unter http://www.rhetorik.uni-tuebingen.de/was-ist-rhetorik/ [letzter Zugriff: 02.02.2018].

BEI GRIN MACHT SICH IHR WISSEN BEZAHLT

- Wir veröffentlichen Ihre Hausarbeit,
  Bachelor- und Masterarbeit

- Ihr eigenes eBook und Buch -
  weltweit in allen wichtigen Shops

- Verdienen Sie an jedem Verkauf

Jetzt bei www.GRIN.com hochladen
und kostenlos publizieren